Inhalt

Die Palette als Ladungsträger - für die Logistik unersetzbar

Kernthesen

Beitrag

Fallbeispiele

Weiterführende Literatur

Impressum

Die Palette als Ladungsträger - für die Logistik unersetzbar

I.Zeilhofer-Ficker

Kernthesen

- 80 Millionen Holzpaletten wurden im Jahr 2005 in Deutschland produziert, die 75 Prozent des gesamten Palettenbedarfs abdecken.
- Die Auftrags- und Beschäftigungslage auf dem Palettenmarkt ist gut. Allerdings müssen die Produzenten mit um bis zu 20 Prozent gestiegenen Holzpreisen zurechtkommen.
- Als Alternative zu Holzpaletten sind vor allem für Export und Lebensmittelbereich Plastik-, Styropor- und Metallpaletten im

Angebot.

Beitrag

Die Palette ist als Standard-Ladungsträger weltweit für die Lagerhaltung und den Transport von Gütern und Waren im Einsatz. Im europäischen Markt hat sich dabei die Mehrweg-Europalette aus Massivholz durchgesetzt. Steigende Holzpreise und eine boomende Nachfrage setzen die Paletten-Lieferanten unter Druck.

Der Palettenmarkt in Deutschland

Schon seit Mitte des vergangenen Jahrhunderts gibt es die standardisierten Europaletten aus Holz, die in einem ständigen Kreislauf von Produzenten zu Spediteuren von dort zum Händler und wieder zurück zum Produzenten unterwegs sind. Als preisgünstiger Ladungsträger mit Standardmaß 1 200 mm Länge und 800 mm Breite hat sich die Palette auf der ganzen Welt für den Einsatz in der Lagerhaltung und im Transport durchgesetzt und ist aus keinem Logistikprozess mehr wegzudenken. [(1)](), [(2)](), [(3)](), [(4)]()

75 Prozent der eingesetzten Paletten sind aus Holz

gemacht, die meisten davon aus Massivholz. Im Jahr 2005 wurden fast 80 Millionen Holzpaletten in Deutschland produziert und die Nachfrage steigt aufgrund der guten Binnennachfrage und des regen Exportgeschäftes ständig an. Der Umsatz mit Holzpackmitteln und Paletten hat 2005 die zwei Milliarden Euro Marke erreicht. (2), (5), (6), (7)

Trotz der guten Auftragslage sind die Produzenten von Holzpackmitteln nicht so ganz glücklich. Durch steigende Nachfrage des Auslands nach Holzprodukten sowie der Energiewirtschaft, die Holz als alternativen Energieträger entdeckt hat, sind die Preise im vergangenen Jahr um bis zu 20 Prozent gestiegen. Diese Preissteigerungen konnten bisher noch nicht an die Kunden weitergegeben werden. Preiserhöhungen sind aber nun unvermeidbar geworden. (5), (6), (8)

Als Alternativen zu den Massivholzpaletten sind Kunststoff-, Werzalit-, Styropor- und Aluminiumpaletten erhältlich, die allerdings nur zu wesentlich höheren Preisen zu bekommen sind. Zwischen 20 und über 100 Euro kann eine Plastikpalette je nach Kunststoff und Leistungsfähigkeit kosten, während die Standard-Euroholzpalette schon für knapp acht Euro zu bekommen ist. (2)

Anforderungen an Paletten

Die Qualität einer Palette ist das wichtigste Kaufkriterium, gefolgt von Preis und Lieferfähigkeit. Abhängig vom Einsatzzweck müssen Paletten unterschiedliche Belastungen aushalten. Eine Exportpalette wird beispielsweise nur selten einer höheren Belastung als 500 kg ausgesetzt. Beim Einsatz im Hochregallager steigt die Belastung schnell auf 1 000 kg, und Spezialpaletten können einer statischen Belastung von bis zu 7 500 kg gerecht werden. Die Europalette wird entsprechend der Norm UIC 435-2 hergestellt und ist für Belastungen bis 1 500 kg geeignet. Die Qualität der Paletten wird kontinuierlich von der SGS Germany europaweit überprüft. (2), (7)

Besonderen Anforderungen unterliegen Paletten, die für den Export bestimmt sind. Um die Einfuhr von Holzschädlingen zu vermeiden, die sich im Holz eingenistet und versteckt haben, schreiben viele Staaten eine Behandlung der Paletten gemäß ISPM 15 als Einfuhrvoraussetzung vor. Die ISPM 15 basiert auf Vorschriften des Internationalen Pflanzenschutzabkommens (IPPC), wonach alle Massivholzpaletten entweder mit Temperaturen von 56 Grad Celsius ausgetrocknet oder mit dem hochgiftigen Methylbromid begast und gekennzeichnet werden müssen. (9), (10)

Paletten aus Kunststoff, Styropor oder auch Werzalit (Holzspäne mit Harnstoffharz verklebt) unterliegen nicht den ISPM 15 Vorschriften und können problemlos in allen Ländern der Welt eingeführt werden. Für den Einsatz im Lebensmittelbereich, wo spezielle Hygieneanforderungen beachtet werden müssen, sind vor allem Kunststoffpaletten im Einsatz. Aber auch die Palette aus Aluminium ist für den Lebensmittelsektor sowie für die Verwendung in der Pharma- und Chemieindustrie geeignet. (10), (11), (12), (13)

Der Palettenkreislauf

Die allermeisten Europaletten sind problemlos über viele Jahre hinweg immer wieder zu verwenden und befinden sich deshalb in einem stetigen Kreislauf zwischen Produzenten, Spediteuren und Kunden. Volle Paletten werden gegen leere getauscht. Für den internen Gebrauch kommen Kaufpaletten in Frage oder man nimmt die Dienste eines Palettenpools in Anspruch bei dem für die genutzten Paletten eine Mietgebühr bezahlt wird. Auf alle Fälle werden die Paletten immer wieder gereinigt, kontrolliert und defekte Stücke zur Reparatur oder Entsorgung aussortiert. Das Kreislaufmanagement ist dabei ohne entsprechende Softwareunterstützung schon lange nicht mehr durchführbar. (1), (3), (14), (15)

Fallbeispiele

Die Firma Holliger Paletten-Logistik in der Schweiz produziert und repariert Holzpaletten für viele Großkunden. Das Paletten-Management wird mithilfe eines mit dem Swiss Logistics Award ausgezeichneten Online-Tools durchgeführt. (14)

Brandenburger Palette nennt sich eine Palette in den Standardmaßen der Euro-Palette aus hochfestem Styroporwerkstoff der Firma Arinstein. Die Palette hat ein geringes Eigengewicht von nur drei bis vier Kilogramm bei einer Tragfähigkeit von bis zu 1 000 kg und eignet sich dadurch vor allem für den Einsatz bei Luftfrachtsendungen. (12)

Die Inka-Palette der Firma Werzalit aus Holzspänen, die mit einem Harnstoffharz verklebt sind, hat sich als wesentlich resistenter gegenüber dem Schädlingsbefall erwiesen als normale hitzebehandelte Fichtenholzpaletten. Sie wird deshalb als Ladungsträger von allen Ländern, die ISPM-15-Standard verlangen, problemlos akzeptiert. (11)

Die Firma Schneider Leichtbau ist auf die Herstellung von Aluminium-Paletten spezialisiert. Die Ladungsträger sind für den Einsatz in der Lebensmittel-, Chemie- und Pharmaindustrie geeignet. (13)

Ladungsträger aus Kunststoff werden von der Firma Köver-Pac vertrieben. Spezialpaletten bis zu 3200 mm Länge sind ebenso im Angebot wie Gefahrgutbehälter oder Transportboxen. Spezialanfertigungen mit Stückzahlen ab 500 sind möglich. (16)

Der Paletten-Dienstleister Chep besitzt weltweit 211 Millionen Paletten, die von 500 Service-Centern in 42 Ländern gemanagt werden. Chep-Paletten werden nicht getauscht, sondern von Chep beim Handel wieder eingesammelt. (17)

Logipack heißt ein neues Viertelpaletten-Mehrweg-System, das sich an Kunden richtet, die keine ganze Getränkekiste kaufen wollen. Es werden immer sechs Flaschen auf einem Mehrweg-Tray verpackt, die auf rollenden Viertelpaletten gestapelt werden. Die Paletten dienen ebenfalls der Rückführung des Leerguts. (18)

Weiterführende Literatur

(1) Kartnaller, Erwin, Kreislauf mit höchster Transparenz und Effizienz, INUFA-Transport-Rundschau, Heft 1/2006, S. 26-27
aus Business Insurance, United States (BUSIINSU), 40 (2006) 11 page 12

(2) FM-Trendumfrage unter führenden Herstellern von Holz- und Kunststoffpaletten Tutti Paletti – vielseitige Ladungsträger
aus FM Fracht + Materialfluß, Heft 2, 2006, S. 28

(3) Mehr Transparenz für den Palettenmarkt
aus Lebensmittel Zeitung 21 vom 26.05.2006 Seite 055

(4) Jede Zeit hat ihre Ladungsträger
aus FM Fracht + Materialfluß, Heft 2, 2006, S. 3

(5) Der Verpackungsindustrie wird das Holz teuer
aus Frankfurter Allgemeine Zeitung, 04.08.2006, Nr. 179, S. 12

(6) O. V., Preise für Packmittel steigen, DVZ Deutsche VerkehrsZeitung, Nr. 90, 29.07.2006
aus Frankfurter Allgemeine Zeitung, 04.08.2006, Nr. 179, S. 12

(7) Holzpackmittel nahe am Kunden
aus Lebensmittel Zeitung 28 vom 14.07.2006 Seite 041

(8) Nöthen, Andreas, Firma wegen Holzpreis in Sorge,

Rhein-Zeitung, 04.07.2006
aus Lebensmittel Zeitung 28 vom 14.07.2006 Seite 041

(9) ISPM-15 für internationale Transporte
aus Gefahrgut, Heft 04/2006, S. 29

(10) FM-Trendumfrage unter führenden Herstellern von Holz- und Kunststoffpaletten Basis der Logistikkette – ganz unten
aus FM Fracht + Materialfluß, Heft 2, 2005, S. 24

(11) Inka-Paletten - Resistentes Werzalit
aus Maschinenmarkt Logistik Nr. 01 vom 17.02.2006

(12) Paletten aus Styropor Leichte Alternative zu Holz
aus FM Fracht + Materialfluß, Heft 4, 2006, S. 30

(13) Alu-Palette Hygienisch mit System
aus Process Magazin für Chemie- und Pharmatechnik Nr. 07-08 vom 01.08.2006 Seite 070

(14) Alle 15 Sekunden eine Palette
aus LOGISTIK Nr.7/2006

(15) Mehr als nur bunte Kisten
aus LOGISTIK HEUTE, Heft 1-2/2006, S. 52-53

(16) Intelligente Mehrwegverpackungen aus Kunststoff
aus Maschinenmarkt Logistik Nr. 05 vom 14.07.2006

(17) Chep markiert Paletten eindeutig
aus Lebensmittel Zeitung 17 vom 28.04.2006 Seite 032

(18) Getränke-Logistik: Rollpaletten als Mehrweg

aus www.lz-net.de vom 15.06.2006

Impressum

Die Palette als Ladungsträger - für die Logistik unersetzbar

Bibliografische Information der deutschen Nationalbibliothek

Die Deutsche Nationalbibliothek verzeichnet diese Publikation in der deutschen Nationalbibliografie; detaillierte bibliografische Daten sind im Internet über http://dnb.d-nb.de abrufbar.

ISBN: 978-3-7379-1062-0

© 2015 GBI-Genios Deutsche Wirtschaftsdatenbank GmbH, Freischützstraße 96, 81927 München, www.genios.de

Alle Rechte vorbehalten. Dieses Werk ist einschließlich aller seiner Teile – z.B. Texte, Tabellen und Grafiken - urheberrechtlich geschützt. Jede Verwertung außerhalb der Grenzen des Urheberrechtsgesetzes bedarf der vorherigen Zustimmung des Verlags. Dies gilt insbesondere auch für auszugsweise Nachdrucke, fotomechanische Vervielfältigungen (Fotokopie/Mikroskopie), Übersetzungen, Auswertungen durch Datenbanken oder ähnliche Einrichtungen und die Einspeicherung und Verarbeitung in elektronischen Systemen.